Björn Bedey (Hrsg.)
»Graf Zeppelin« – Eine Reise um die Welt im Luftschiff

AF156267

SEVERUS Verlag

Bedey, Björn (Hrsg.): »Graf Zeppelin« – Eine Reise um die Welt im Luftschiff. 2020
Neuauflage der Ausgabe von 1929
ISBN: 978-3-96345-242-0

Satz: Lilly Seidel

Umschlaggestaltung: Annelie Lamers, SEVERUS Verlag

Bibliografische Information der Deutschen Nationalbibliothek: Die Deutsche Nationalbibliothek verzeichnet diese Publikation in der Deutschen Nationalbibliografie; detaillierte bibliografische Daten sind im Internet über https://dnb.de abrufbar.

Der SEVERUS Verlag ist ein Imprint der Bedey & Thoms Media GmbH, Hermannstal 119k, 22119 Hamburg

SEVERUS Verlag, 2020
http://www.severus-verlag.de
Gedruckt in Deutschland

Björn Bedey (Hrsg.)

»Graf Zeppelin« – Eine Reise um die Welt im Luftschiff

Ein historischer Bildband von 1929
mit begleitendem Vorwort

VORWORT

Von dem Testflug des »LZ (Luftschiff Zeppelin) 1« am
2. Juli 1900, der nach 18 Minuten mit einer Wassernot-
landung im Bodensee endete, über die erste (und bisher
einzige) Weltumrundung im »LZ 127« im Jahr 1929
bis zur »Hindenburg«-Katastrophe im Jahr 1937 – die
Geschichte der fliegenden Zigarren präsentiert sich in
einer außergewöhnlich vielseitigen Reise!

Ganz am Anfang davon steht der namensgebende Ferdinand Adolf Heinrich August Graf von Zeppelin (1838–
1917). Dieser Mann gilt als der Begründer des Starrluft-
schiffbaus.[1] Trotzdem sollte man nicht unbeachtet lassen,
dass bereits vor ihm der Ungar David Schwarz (1850–
1897) in den 1880er Jahren das allererste starre Metallluft-
schiff erschaffen hatte und für den frühesten Aufstieg eines
Starrluftschiffes am 3. November 1897 in Tempelhof bei
Berlin verantwortlich war, während der Graf damals nur
unter den Zuschauern weilte. Nach dem frühzeitigen Tod
des Ungarn übernahm er wiederum dessen Pläne, kaufte
seine Patente und entwickelte diese weiter. Seinen langjäh-
rigen Traum von einem lenkbaren Luftschiff hatte der Graf
laut einer Aufzeichnung in seinem Tagebuch nun schon
im April 1874 ins Auge gefasst. Um diesen in die Reali-
tät umzusetzen, richtete er 1898 die »Aktiengesellschaft
zur Förderung der Luftschifffahrt« ein und steuerte über
die Hälfte des damaligen Startkapitals von 800.000 Gold-

---

[1] An dieser Stelle ist zu empfehlen: August von Parseval: »Graf Zeppelin
und die deutsche Luftfahrt«, erschienen im SEVERUS Verlag.

mark (inflationsbedingt in heutiger Währung ca. 5.638.000 Euro) bei. Das Problem der Finanzierung blieb, nebenbei bemerkt, eine immerwährende Konstante in der Zeppelin-Geschichte. Sein eigenes Reichspatent Nummer 98580 für einen »Lenkbaren Luftfahrzug mit mehreren hintereinander angeordneten Tragkörpern« konnte der Graf am 13. August 1898 sichern. Ein Jahr später war endlich alles bereit, sodass der Bau des ersten Zeppelin-Prototyps, des »LZ 1«, in die Wege geleitet werden konnte. Das Ziel des Grafen für seine Schöpfungen war es indes, sie für kommerzielle Zwecke und/oder an das Militär weiter zu verkaufen. Mit dem missglückten ersten Test des »LZ 1« setzte dieser zwar einen neuen Geschwindigkeitsrekord von 9 m/s (32,4 km/h) gegenüber dem französischen Elektroluftschiff »La France« auf, konnte potenzielle Investoren aber noch nicht genügend beeindrucken. Erst durch weitere Spenden und eine speziell entwickelte Lotterie wurde das Geld für die Produktion von weiteren Zeppelinen aufgetrieben.

Der Zeppelin, der dann erste tatsächliche Resultate zu verzeichnen hatte und vom Heer erworben wurde, war der »LZ 3«, der sich 1906 das erste Mal in die Lüfte erhob und bis 1908 4.398 Kilometer in 45 Fahrten bewältigte. Das Unternehmen war trotzdem noch nicht finanziell gesichert. Als jedoch der »LZ 4« am 5. August 1908 bei Echterdingen zerstört wurde, konnte erfolgreich zu einer Nationalspende aufgerufen werden, mit deren Hilfe neue Zeppeline gebaut wurden. Die »Zeppelinspende des deutschen Volkes«, oder auch das »Wunder von Echterdingen« genannt, im Umfang von über sechs Millionen Mark (heutiger Wert ca. 36 Millionen Euro), ermöglichte darüber hinaus die Gründung der »Luftschiffbau Zeppelin GmbH« und der »Zeppelin-Stiftung«, deren Vorstand der Ingenieur und Architekt Alfred Colsman (1873–1955) einnahm. So ist es nicht verwunderlich, dass der Graf von Zeppelin diesen Tag trotz des Unfalls später einmal als »die Geburtsstunde der nationalen Luftschifffahrt in Deutschland« bezeichnen sollte.

Das Zeitalter der Passagierflüge eröffnete schließlich der »LZ 6«, der neben weiteren Zeppelinen von der durch Alfred Colsman 1909 ins Leben gerufenen »Deutschen Luftschifffahrts-Aktiengesellschaft« (»DELAG«), der ersten Fluggesellschaft der Welt, erstanden und in den Dienst der zivilen Luftfahrt genommen wurde. Schon bald darauf konnte ein Luftlinienverkehr zwischen mehreren deutschen Städten, darunter Düsseldorf, Frankfurt am Main, Hamburg, Dresden und Leipzig, eingerichtet werden.

Bis zum Ausbruch des Ersten Weltkrieges im Jahr 1914 wurden zusammengenommen 25 Zeppeline fertiggestellt und 1.588 Flüge mit 34.028 Gästen ausgeführt. Doch es sollte nicht bei den zivilen Fahrten bleiben. Denn neben dem Grafen von Zeppelin selbst erkannte auch das Militär des Deutschen Reiches das Potenzial der Luftschiffe für den Ausbau der Kriegsführung, weshalb es alle existierenden Zeppeline in Besitz nahm und diese für Aufklärungsflüge und Luftangriffe mit Bomben auf z.B. London, Edinburgh und Antwerpen verwendete. Der einzige Vorteil daran war, dass dadurch etwa 100 weitere Zeppeline hervorgebracht wurden, die im Hinblick auf Größe, Schnelligkeit, Nutzlast etc. immer weiter verbessert wurden.

Dieser Aufschwung der Zeppeline erfuhr aber bald einen Dämpfer. Nach der Niederlage Deutschlands forderten die Alliierten im Artikel 202 des Versailler Friedensvertrages als Reparationsleistung eine vollständige Entwaffnung und Auslieferung der Luftschiffe, Luftschiffhallen und Traggasfabriken. Erst 1926 wurden diese Verbote aufgehoben. Der Graf Zeppelin war inzwischen verstorben und Hugo Eckener (1868–1954) hatte die Leitung übernommen. Sein

Ziel für den Weitergang des Zeppelin-Unternehmens war es, dieses von nun an den Passagierfahrten zu widmen. Zu diesem Zwecke erarbeitete er den Plan einer Weltumrundung in einem Zeppelin, um das Können der Giganten im weltweiten Luftverkehr zu demonstrieren.

Dafür initiierte er die sogenannte »Zeppelin-Eckener-Spende«, durch die abermals mithilfe des deutschen Volkes ein neues Flugschiff geschaffen werden sollte. Entworfen wurde dieses von Ludwig Dürr (1878–1956), dem bekannten Luftschiff-Konstrukteur und Technischen Direktor der »Luftschiff Zeppelin GmbH«, der für alle Zeppeline vom »LZ 2« bis zum »LZ 131« zuständig war, und angefertigt wurde es in Friedrichshafen von der »Luftschiffwerft Luftschiffbau Zeppelin GmbH«. Das Luftschiff erhielt das offizielle Luftfahrzeugkennzeichen »D-LZ127« und wurde am 8. Juli 1928 anlässlich des 90. Geburtstags des 1917 verstorbenen Grafen von Zeppelin getauft. Seine Tochter Helene (Hella) Gräfin von Brandenstein-Zeppelin (1879–1967) benannte es nach ihm: »Graf Zeppelin«. Von der Jungfernfahrt, die am 18. September 1928 stattfand, war es bis zum 19. Juli 1937 im Einsatz.

Der »Graf Zeppelin« war allen bisherigen Zeppelinen überlegen. Er war 236,6 Meter lang, hatte einen Durchmesser von 30,5 Metern, ein Traggasvolumen von 105.000 Kubikmetern und bot Platz für 40 Besatzungsmitglieder und 20 Passagiere. Das Flugschiff konnte eine Geschwindigkeit von durchschnittlich 115 und maximal 128 Kilometer pro Stunde erreichen. Es hatte vier Maybach-Motoren und einen fünften Reserve-Motor mit einer Leistung von 410 kW, welche entweder mit Benzin oder Blaugas angetrieben werden konnten. Für den Fall eines Verzichts auf Benzin befanden sich 12 Gasflaschen an Bord. Damit konnte der »Graf Zeppelin« circa 100 Stunden lang fliegen, mit dem Tank 67 Stunden, mit Benzin und Blaugas zusammen 118 Stunden. Für eine Flugstrecke von 10.000 Kilometern war es zusätzlich möglich, den Zeppelin mit 15.000 Kilogramm zu beladen.

Mit knapp 1,7 Millionen Kilometern bei 590 unfallfreien Fahrten und 17.177 Flugstunden war der »Graf Zeppelin« das erste Flugschiff mit dieser Flugstreckenlänge und das berühmteste und erfolgreichste Verkehrsluftschiff der Welt. Es überquerte zudem 144 Mal den Ozean, d.h. 143 Mal den Atlantik und einmal den Pazifik. Dabei wurden 34.000 Passagiere befördert, 13.110 davon als zahlende Gäste, und 78.661 Kilogramm an Fracht transportiert. Seit September 1928 wurde der »LZ 127« dank Hugo Eckener unter der »DELAG« und von 1930 an für den transatlantischen Liniendienst zwischen Europa und Nord- und Südamerika eingesetzt.

Der »Graf Zeppelin« unternahm mehrere Aufsehen erregende Flüge, zum Beispiel die erste interkontinentale Fahrt von Friedrichshafen nach Lakehurst (südwestlich von New York City) am 11. Oktober 1928, welche infolge eines heftigen Sturmes beinahe in einem Desaster endete, die Palästina-Rundfahrt im April 1931, bei der u.a. die Pyramiden von Gizeh und die Cheopspyramide überflogen wurden, und eine Forschungsreise in die Arktis im Juli 1931.

Die größte Sensation erfolgte aber wohl mit der Weltfahrt. Diese ist in die amerikanische Weltfahrt (von Lakehurst bis Lakehurst) und die deutsche Weltfahrt (Friedrichshafen bis Friedrichshafen) untergliedert. Zum Teil wurde sie vom US-amerikanischen Medienmogul William Randolph Hearst (1863–1951) finanziert.

Der Kommandant des »Graf Zeppelin« war Hugo Eckener (1868–1954) und sein Sohn Knut der Steuermann. Für den Flug waren drei Kapitäne eingeteilt; Ernst August Lehmann (1886–1937), Hans Curt Flemming (1886–1935) und Hans von Schiller (1891–1976).

Zu den Passagieren während verschiedener Abschnitte der Weltfahrt gehörten u.a. der australische Polarforscher Sir George Hubert Wilkins, ein Arzt vom spanischen Hofe, Dr. Megías, Journalisten vom Verlag »Ullstein«, Verlag »Scherl«, von der »Frankfurter Zeitung«, der »Matin«, »Das Illustrierte Blatt« und einigen japanischen Zeitschriften, ein Meteorologe namens Dr. Seilkopf von der Deutschen Seewarte in Hamburg sowie streckenweise Vertreter der russischen und japanischen Regierung. Im Auftrag von William Hearst war im Übrigen die einzige Frau, Lady Grace Hay Drummond-Hay, die ein kleines schwarzes Kätzchen mit in den Zeppelin brachte, als Korrespondentin dabei. Von zahlenden Passagieren, die einen Fahrpreis von 10.000 Mark (ca. 3000 Euro) aufbringen mussten, hatte der »Graf Zeppelin« für die Weltfahrt nur zwei. Einer von ihnen, der Milliardärssohn William Leeds, brachte zur Unterhaltung aller Fahrgäste und zum anfänglichen Ärger von Hugo Eckener ein Grammophon mit.

Die amerikanische Weltfahrt begann am Abend des 7. August mit 20 Passagieren aus Deutschland, Frankreich, England sowie Amerika, und endete am 29. August. Dazwischen hielt der »Graf Zeppelin« in Friedrichshafen, Tokio und Los Angeles. Da sich William Hearst als Gegenleistung für die Finanzierung New York als offiziellen Anfangs- und Endpunkt der Weltumrundung wünschte, musste der Zeppelin zunächst aus Deutschland nach Amerika anreisen. Aus diesem Grund startete er am frühen Morgen des 1. Augusts von Friedrichshafen aus und kam nach 95 Stunden in Lakehurst an. Von dort ging es am 7. August wieder zurück nach Friedrichshafen, zum Start der deutschen Weltfahrt.

Der vorliegende Bildband setzt mit der deutschen Weltfahrt ein, d.h. er dokumentiert die Strecken von Friedrichshafen bis Tokio (15.–19. August), von Tokio bis Los

Angeles (23.–26. bzw. 27. August) und von Los Angeles bis Lakehurst (26. bzw. 27.–29. August).

Die einzelnen Teilstrecken gestalteten sich sehr abwechslungsreich, nicht nur allein deshalb, weil, während der Zeppelin über den verschiedenen Ländern schwebte, jeweils ein passendes Menü mit teuren und genussreichen regionalen Speisen und Getränken angeboten wurde. Wenn oberhalb der sibirischen Tundren, den nicht endenden Sümpfen oder auch des »Stillen Ozeans« doch einmal Langeweile aufkam, konnte sich stets beholfen werden. Unaufhörlich klapperten die Schreibmaschinen der Pressevertreter, derweil wurde getanzt, fotografiert, gefilmt, Karten gespielt, … Perfekt war das Leben in der Luft dennoch nicht: Die Aufenthaltsräume und die Kabinen, die immer von zwei Personen geteilt wurden, waren zum Beispiel sehr beengt, und es herrschte dauerhaft Wassermangel, sodass für den Flug von Los Angeles bis New York das Waschen sogar gänzlich untersagt wurde.

Bei dem ersten Halt in Tokio wurde der »Graf Zeppelin« von ca. 250.000 Schaulustigen freudig willkommen geheißen. Das Flugschiff wurde außerordentlich bestaunt und teilweise heimlich in Augenschein genommen. Indessen unternahmen die Reisenden u.a. einen Einkaufstrip in einem Mitsukoshi-Warenhaus, sie lernten in einem Teehaus von Geishas mit Stäbchen zu essen und wurden von der japanischen Regierung, vom Staatsoberhaupt Hirohito (1901–1989), in das kaiserliche Sommerschloss zu einem Empfang geladen. Eckener bekam obendrein einen Ehrensäbel aus Osaka als Geschenk überreicht.

In Los Angeles hielt Max Geisenheyner (1884–1960), Chefredakteur des »Illustrierten Blattes«, Sonderreporter der »Frankfurter Zeitung« während der Weltfahrt und der Herausgeber und Fotograf des ursprünglichen Bildbandes, eine bis an die deutsche Heimat gesendete feierliche Rede über Rundfunk. Außerdem wurde ein Bankett zu Ehren der Mannschaft und Passagier abgehalten, bei welchem sie auf mehrere Hollywood-Persönlichkeiten wie den Regisseur Ernst Lubitsch, die Schauspieler Maurice Chevalier und Mary Brian sowie den berühmten Charlie Chaplin trafen.

Mit der Ankunft in New York war die Welt in 21 Tagen, 7 Stunden und 12 Minuten umkreist worden. Hier wurde der Zeppelin mit einer großen Parade begrüßt. Eckener wurde persönlich vom damaligen US-Präsidenten Herbert Clark Hoover (1874–1964) geehrt und durfte die Flugroute des »Graf Zeppelin« auf dem historischen Globus der Stadt einzeichnen. Der New Yorker Bürgermeister Jimmy Walker (1881–1946) verteilte dazu Medaillen zum Andenken an die Weltfahrt an alle, die in Lakehurst angekommen waren.

Die Rückfahrt wurde am 1. September angetreten. Nach 67 Stunden erreichte der »Graf Zeppelin« am Morgen des 4. Septembers Friedrichshafen, wo er selbstverständlich mit großen Festlichkeiten von ca. 40.000 Menschen erwartet wurde.

Eine Überraschung für die Besatzung und die Passagiere auf der Strecke Lakehurst nach Friedrichshafen präsentierte sich in der Form des eingeschlichenen Fahrgast Clarence Terhune (1907–1987). Er war ein 19-jähriger Waise und Golf-Caddie aus St. Louis, der es über die Postluke an Bord geschafft hatte, und sich bei den Postsäcken versteckt gehalten hatte. Ungefähr zwei Stunden nach der Abfahrt wurde er von Kapitän von Schiller über dem Atlantischen Ozean entdeckt. Als einer der wenigen glücklichen Blinden Passagieren, d.h. solchen, die bei ihrem Versuch nicht umkamen, durfte er dann seinen Fahrpreis als Tellerwäscher abarbeiten und am Diner teilnehmen, konnte Telegramme versenden, und wurde insgesamt sehr freundlich von den belustigten Fahrgästen und Besatzungsmitgliedern aufgenommen. Angeblich wurde ihm sogar ein Job angeboten.

Die Bedeutung dieser Weltumrundung wird bewusst, wenn man sich vorstellt, dass diese etwas absolut Neuartiges verkörperte und nie dagewesene Möglichkeiten eröffnete. Auch wenn man die Zeiten von Flug- und Landstrecken von damals vergleicht, fällt auf, dass beispielsweise der Flug von Friedrichshafen bis Tokio ca. 100 Stunden dauerte, während man für den Seeweg stattdessen 42 Tage gebraucht hätte. Und wurde der Graf von Zeppelin in seinen Anfangsjahren von Kaiser Wilhelm II und dem deutschen Volk noch als »Dümmster aller Süddeutschen« und »Narr vom Bodensee« beschimpft und verspottet, erhielt er nun im Anschluss an die geglückte Weltfahrt postum den Beinamen »Magellan der Lüfte«.

Der »LZ 129 Hindenburg« (Kennzeichen »D-LZ129«) sollte nun noch größer und besser als der »Graf Zeppelin« werden. So hatte er eine Länge von 245 Metern und ein Volumen von 200.000 Kubikmetern, wurde als erster Zeppelin mit Dieselmotoren angetrieben und hatte erstmals Duschen auf einem Luftschiff. Daneben konnte er 72 Passagiere und 54 Besatzungsmitglieder beherbergen, hatte einen sich über zwei Stockwerke erstreckenden Fahrgastbereich im Bauhausstil mit einer Speisehalle, ergänzt durch eine Promenade, einen Schreib- und Lesesaal, eine Bar und einen Rauchsalon. Der erste Aufstieg über dem Bodensee ging am 4. März 1936 vonstatten.

Mit »Graf Zeppelin« und »Hindenburg« erlebten die Luftschiffe ihre zweite Sternstunde in den 1920er und 1930er Jahren. In dieser Zeit waren sie den Flugzeugen in den meisten Bereichen noch voraus, so konnten sie zum Beispiel bei gleicher Fluggeschwindigkeit größere Lasten tragen. Deshalb waren sie ab 1933 leider auch attraktiv für Propagandavorhaben der Nationalsozialisten. Für die Reichstagswahl am 29. März 1933 nutzten sie die Luftschiffe »Graf Zeppelin« und »Hindenburg« vom 26. bis 29. März 1936 zum Abwurf von Flugblättern sowie kleinen Hakenkreuzen. Ebenso wurde 1935 die »Deutsche Zeppelin-Reederei GmbH« (»DZR«) im Auftrag des Reichsluftfahrtminister Hermann Göring gegründet. Diese gebrauchte die Zeppeline für weitere Propaganda-Flüge und sorgte dafür, dass gut sichtbare Hakenkreuze auf den Heckflossen vorhanden waren.

Die Fahrt mit den Zeppelinen wurde jedoch nach einem Unfall des Zeppelins »LZ 129 Hindenburg« eingestellt. Dieser war nach dem deutschen Reichspräsidenten Paul von Hindenburg (1847–1934) benannt worden. Bei dem Unglück am 6. Mai 1937 kamen während der Landung in Lakehurst 35 von 97 Menschen an Bord und ein Mitglied der Bodenmannschaft um, als das Luftschiff wegen einer Explosion in wenigen Sekunden in Flammen aufging. Die Ursache dieser Explosion konnte nie ganz eindeutig definiert werden, weshalb unzählige (Verschwörungs-)Theorien entstanden. Am wahrscheinlichsten ist es wohl, dass sich die Wasserstofffüllung aufgrund einer elektrostatischen Entladung entzündete. Diese Tragödie fand eine breite Berichterstattung, berühmt wurde dabei zum Beispiel der amerikanische Journalist Herbert Morrison (1905–1989), der das Geschehen vor Ort mit seiner emotionalen Radioreportage verfolgte, die einen Tag später ausgestrahlt wurde und die ganze Welt erschütterte.

Mit dem Beginn des Zweiten Weltkriegs war das Ende der Zeppeline besiegelt. Im März 1940 wurde der »Graf Zeppelin« zusammen mit dem »Zeppelin LZ 130« auf den Befehl von Hermann Göring in Frankfurt am Main verschrottet und zwei Monate später wurde auch die dortige Luftschiffhalle gesprengt.

Heutzutage werden nur noch halbstarre Luftschiffe oder tragwerklose Prallluftschiffe betrieben. Dazu gehört die Baureihe der »Zeppeline NT« (»Neue Technologie«), die von der 1993 gegründeten »Zeppelin Luftschifftechnik GmbH« (heute »ZLT Zeppelin Luftschifftechnik GmbH & Co KG«) hergestellt werden, seit 2001 von der Fluggesellschaft »Deutsche Zeppelin-Reederei« betrieben werden und vorwiegend für Tourismus-, Forschungs- und Werbezwecke im Gebrauch sind.

Die Zeppeline beeinflussten die erste Hälfte des 20. Jahrhunderts grundlegend. Nicht nur das Luftverkehrssystem erfuhr eine fundamentale Weiterentwicklung. Allgemein war die Begeisterung für die Zeppeline riesig, denn sie repräsentierten die endgültige Eroberung der Luft, Hoffnung auf kontinentale Vernetzung, Modernität, luxuriöses Fernreisen, Ehrgeiz und Zusammenhalt des deutschen Volkes, technischen Fortschritt, erfüllten den Traum vom Fliegen auch für die Zivilbevölkerung und so vieles mehr. Auch heute noch lässt sich dieser Einfluss spüren. In der Aerophilatelie, sprich bei der Sammlung von Briefmarken und Flugpost, ist die Zeppelinpost, zum Beispiel von dem letzten Flug des »Hindenburg« (von 17.609 Postsendungen überlebten 368 das Feuer) sehr begehrt. Ferner wurden Speisen nach Zeppelinen benannt, wie die seit 1909 in Frankfurt am Main produzierte Zeppelinwurst, und mehrere fiktive Werke wurden von den Luftriesen inspiriert. Nicht zu vergessen sind auch die zahlreichen Zeppelinsteine und -denkmäler, die an die reiche Geschichte – geprägt von nicht wenigen Problemen, Katastrophen und Todesopfern, aber auch einmaligen Ereignissen wie die Weltfahrt im »Graf Zeppelin« – erinnern.

Lilly Seidel
SEVERUS Verlag

Ferdinand Graf von Zeppelin

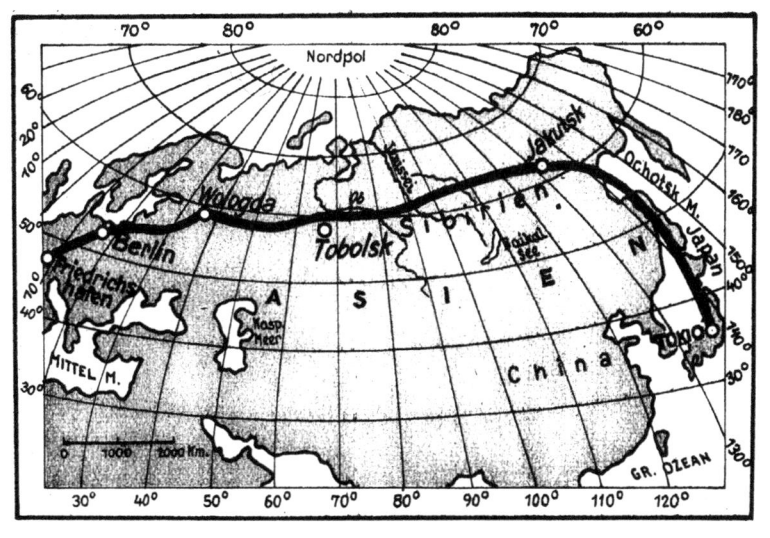

ERSTE ETAPPE (15.–19. AUGUST 1929)

FRIEDRICHSHAFEN – BERLIN –KÖNIGSBERG – DÜNABURG –
WOLOGDA –SIBIRIEN – TOKIO:
11.744 KILOMETER IN 101 STUNDEN 49 MINUTEN.

Die deutsche Weltreise beginnt.
Ein letzter Blick auf Friedrichshafen.

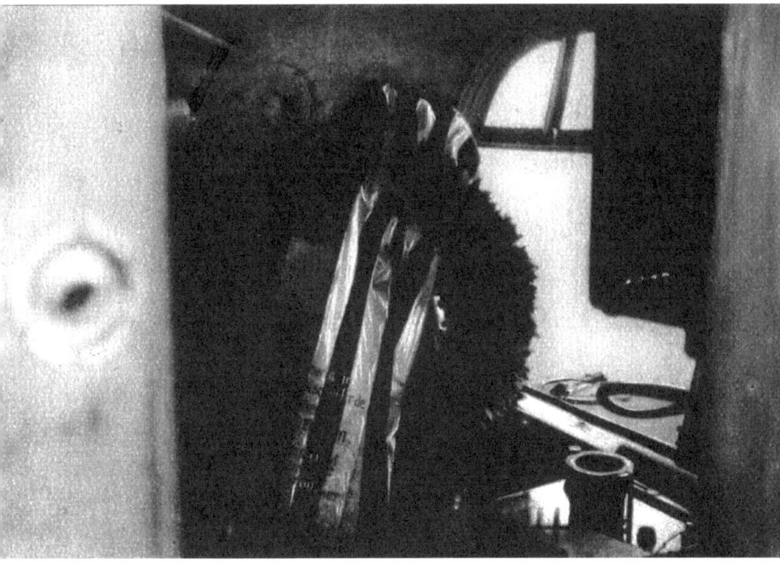

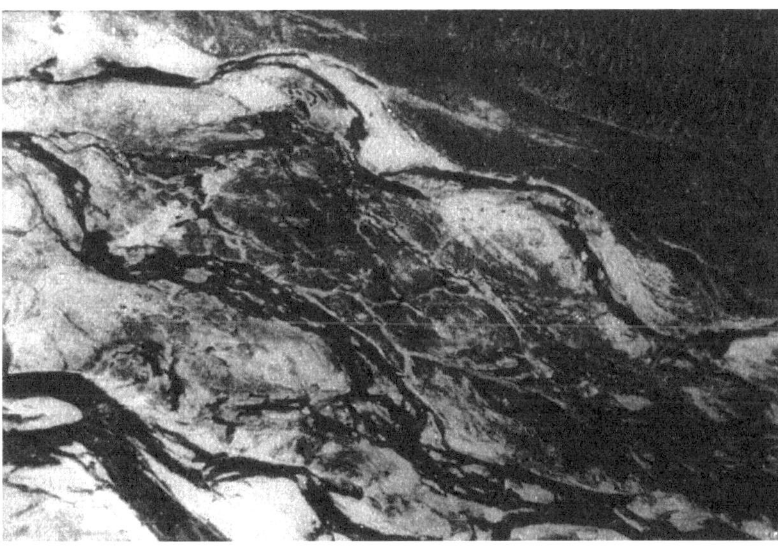

Linke Seite: Menschenmassen versammeln sich um das Reichstags-
gebäude und die Siegessäule Berlins.
Rechte Seite oben und unten: Über Sibirien. In Jakutsk sollen ein
Kranz für dort begrabene deutsche Kriegsgefangene und ein Postsack
abgeworfen werden.

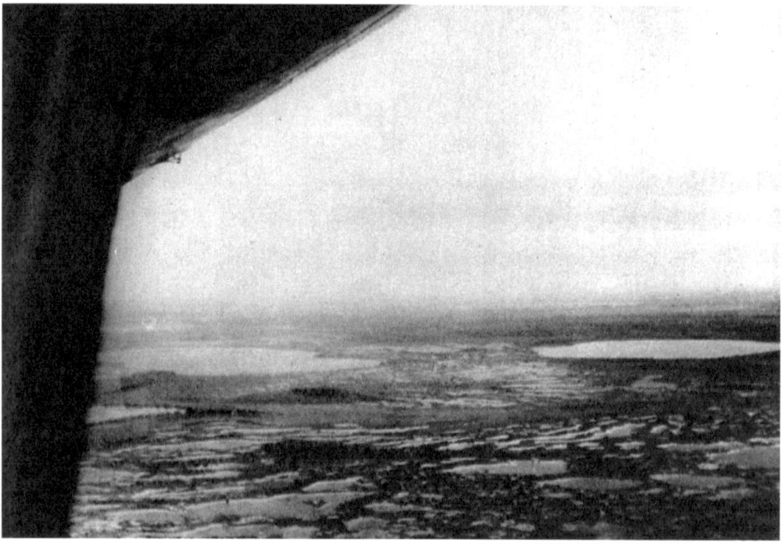

LINKE SEITE OBEN UND UNTEN: Eine scheinbar endlose Sumpf-landschaft. Die unbarmherzige Kälte dringt bis in den Zeppelin.

RECHTE SEITE OBEN: Die Taiga Sibiriens.
RECHTE SEITE UNTEN: Die Steinige Tunguska.

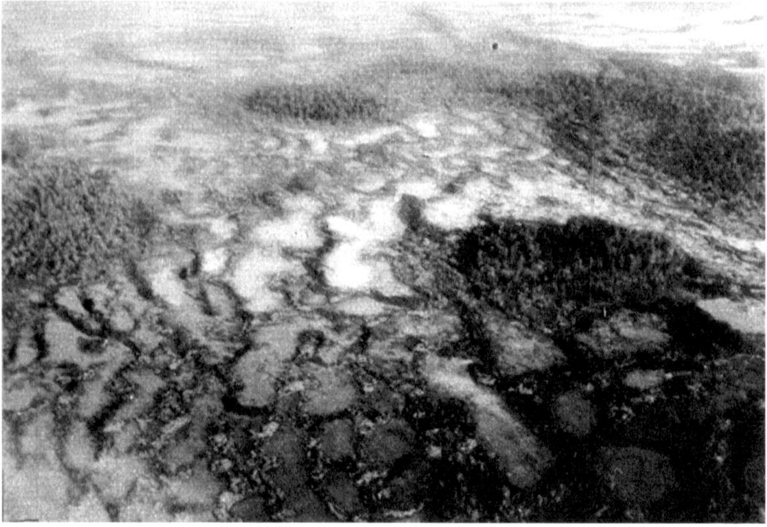

LINKE SEITE OBEN: Die Tundra mit weiteren Sümpfen
und vereinzelten Wäldern.
LINKE SEITE UNTEN: Westsibirien.

RECHTE SEITE OBEN: Die Besatzung konnte mehrere Waldbrände in der Taiga beobachten, die sich über einige hundert Kilometer erstreckten, ohne dass eine Menschenseele in Sicht kam.
RECHTE SEITE UNTEN: Abermals Sümpfe.

LINKE SEITE OBEN: Der Jenisseifluss.
LINKE SEITE UNTEN: Das Stanowoi-Gebirge, ein Hochgebirge der Süd-
sibirischen Gebirge, wird an der höchsten Stelle mit einer Flughöhe von
ca. 1800 Metern und einem Abstand von ungefähr 50 Metern überquert.
RECHTE SEITE: Ein Schattenspiel der Wolken.

LINKE SEITE: Die letzten Berge vor dem lang ersehnten Meer. Die sibirische Stadt Jakutsk, die als kälteste Großstadt der Welt gilt, und der Strom Lena sind links im Hintergrund zu sehen.
RECHTE SEITE OBEN UND UNTEN: Die ersten Inseln vor Japan.

LINKE SEITE OBEN: Eine japanische Insel mit weißem Sandstrand.
LILKE SEITE UNTEN: Der Hafen von Yokohama.
RECHTE SEITE: Der erste Leuchtturm in Japan mitsamt den ersten Schaulustigen, die hier nur als kleine Punkte zu erkennen sind.

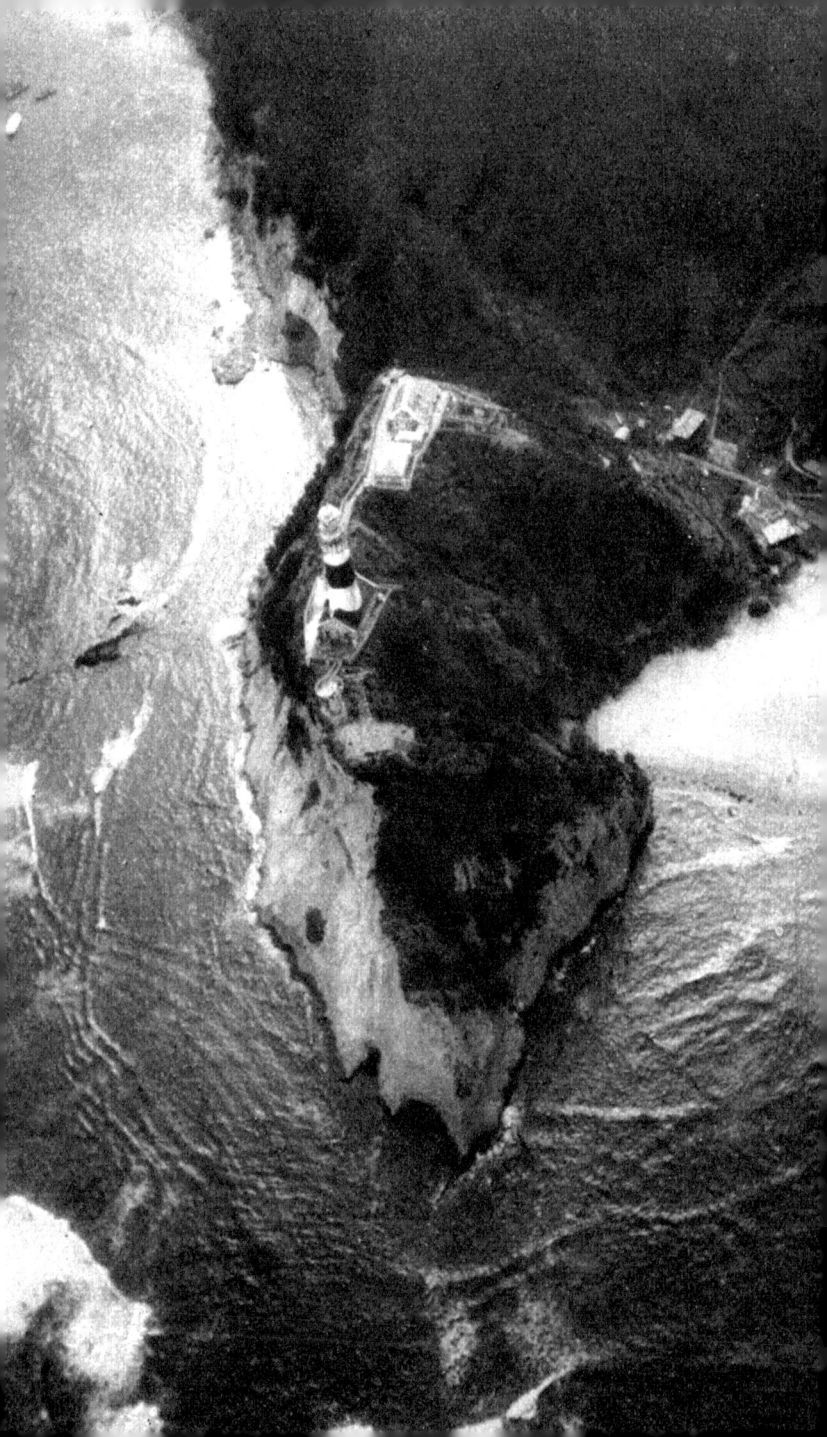

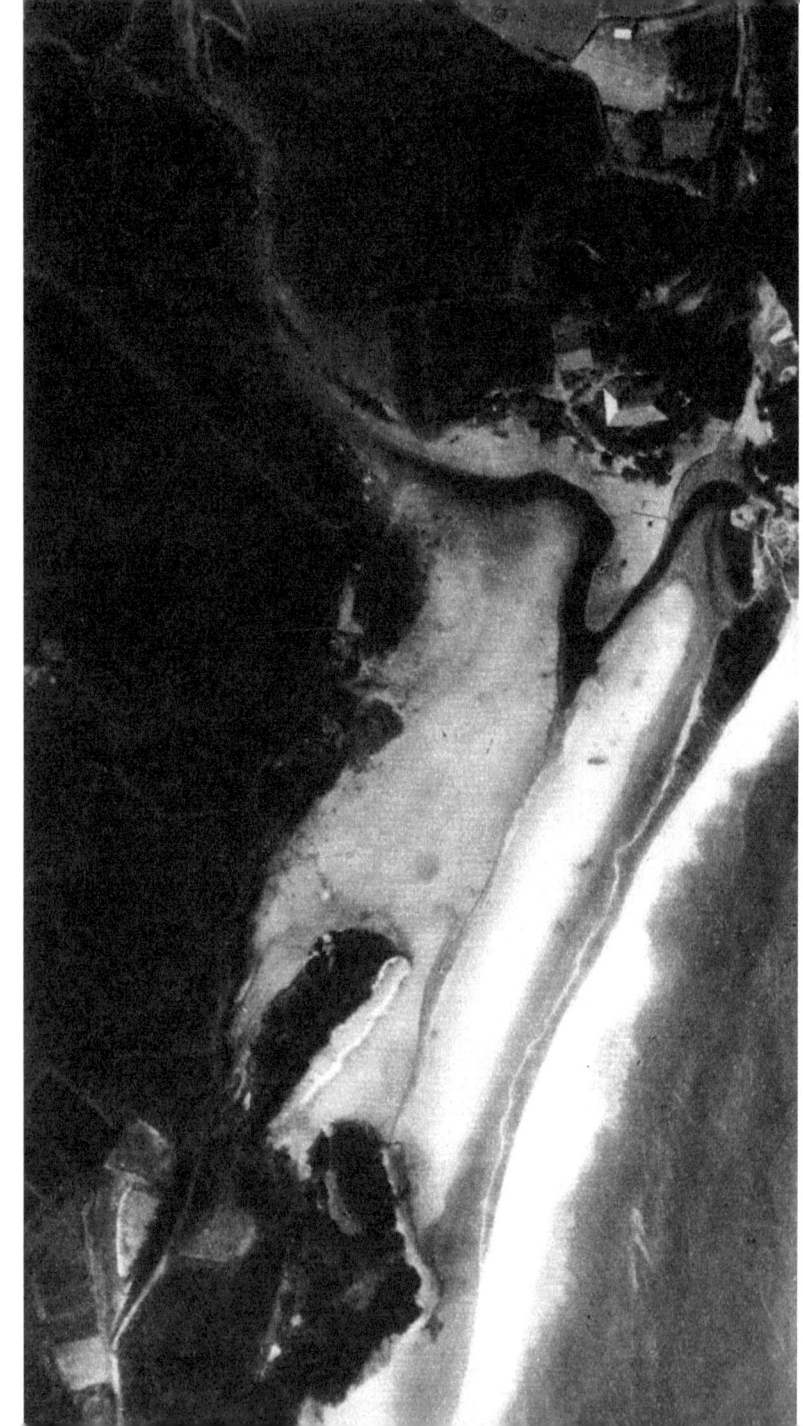

LINKE SEITE: Die ersten Häuser in Japan.

RECHTE SEITE: Die Buchten Japans mit den langen weißen Stränden sind mit bloßem Auge teilweise bis zu 50 Kilometer verfolgbar.

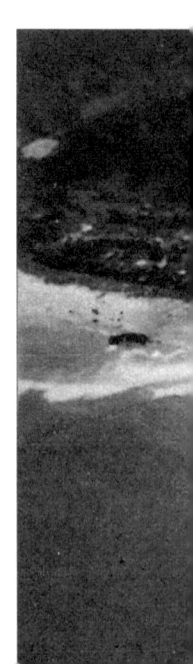

Rechts: Ein Stück der japanische Küste.

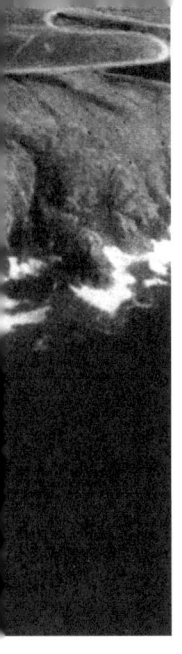

Links: Ein weiterer Leuchtturm an der Spitze von Hokkaidō, der zweitgrößten Insel Japans.

Linke Seite: Es geht weiter an der Küste entlang.
Rechte Seite oben: Interessante Felsenformationen vor der Küste.

LINKE SEITE: Endlich ist Tokio erreicht. Hier ist ein Seebad vor der Stadt zu sehen.

RECHTE SEITE OBEN: Bei Kasumigaura. Autos und Fahrräder werden in Booten über den gleichnamigen Binnensee transportiert.

RECHTE SEITE UNTEN: Ein Feuerwehrauto steht für den Notfall bereit.

LINKE SEITE OBEN: Ein Nachschub von Wasserstoffflaschen wird von einem Ochsen herbeigezogen.

LINKE SEITE UNTEN: Dieser freundliche Japaner hat die Nacht auf dem Flugplatz in Kasumigaura verbracht und ruht nun auf einer Eisenbahnschiene.

Rechte Seite oben: Gegenseitiges aufmerksames Betrachten.
Rechte Seite unten: Der Kapitän Ernst A. Lehmann versucht sich am traditionellen Essen mit Stäbchen.

LINKE SEITE OBEN: Neun Uhr morgens. Die Tore der Flughalle öffnen sich und die ersten Neugierigen stürmen hinein.

LINKE SEITE UNTEN: Abfahrtstag. Ein letzter heimlicher Blick auf den Zeppelin durch eine Seitentür.

RECHTE SEITE: Damen in wunderschönen bunten Gewändern.

Vorherige Doppelseite, links: Drei sehr neugierige Damen.
Vorherige Doppelseite, rechts: Eine junge Frau macht einen höflichen Knicks.
Linke Seite: Ein älteres japanisches Ehepaar im Staunen.

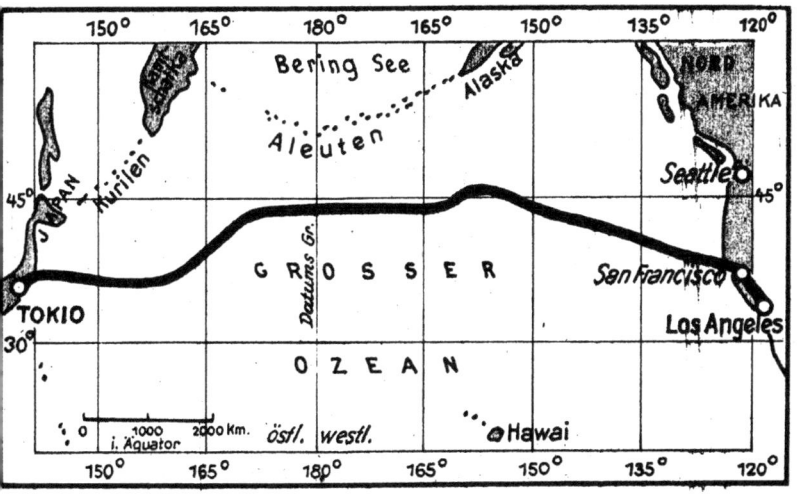

Zweite Etappe (23.–26. August)

Tokio – Stiller Ozean – San Francisco – Los Angeles:
9.653 Kilometer in 79 Stunden und 54 Minuten

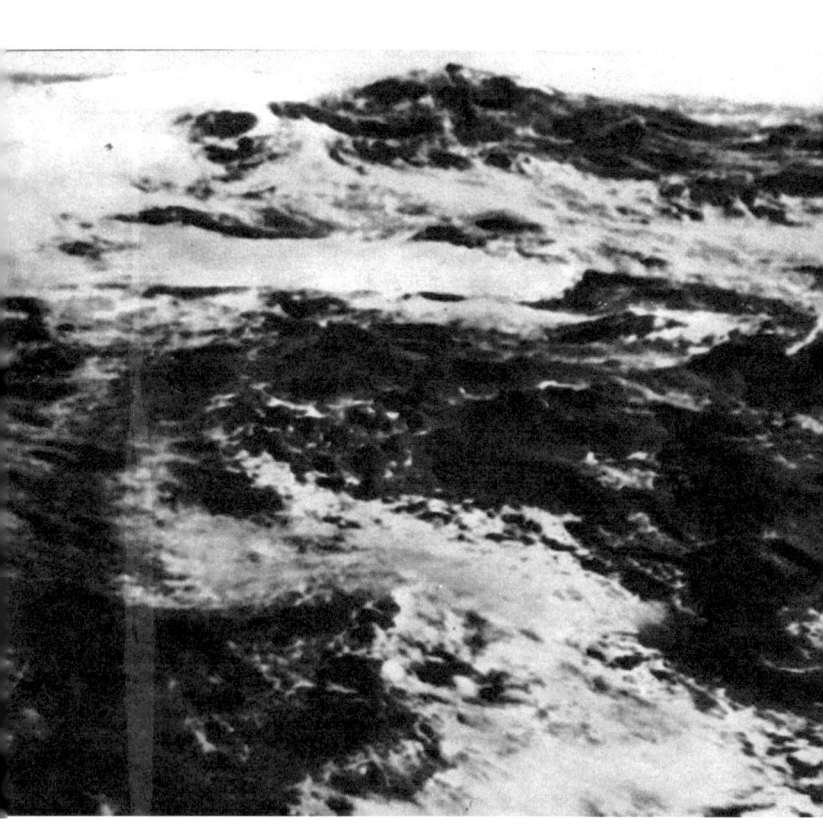

OBEN: Der Steuermann und Sohn des Kommandanten Knut Eckener und der Talisman-Vogel am Höhensteuer.
LINKS: Die stürmischen Wellen des Pazifiks.

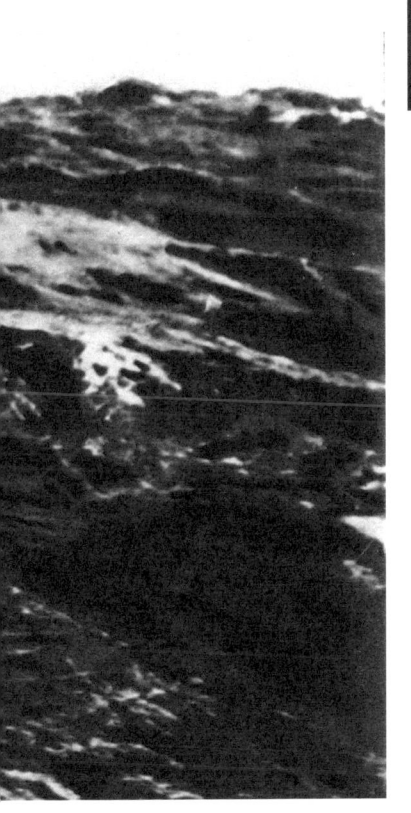

LINKE SEITE OBEN: Plötzlich erscheinende Nebelwolken, die den Zeppelin umhüllen.
LINKE SEITE UNTEN: Durch die verschwommenen Landschaften und die Nebelschwaden ensteht eine fast gespenstische Stimmung.

Rechte Seite oben: Nach 60 Stunden über dem Stillen Ozean taucht endlich der erste Dampfer auf. Er setzt seine Fahne und lässt zum Gruß die Dampfpfeife ertönen.

Rechte Seite unten: Die kalifornische Küste durch ein Fenster von der Brücke des Luftschiffes.

LINKE SEITE: San Francisco am frühen Abend. Im Hintergrund lassen sich direkt vor der Stadt lagernde Kriegs-schiffe erkennen, die zur Begrüßung ihre Sirenen heulen ließen.

RECHTE SEITE: Die Bucht von San Francisco.

LINKE SEITE: Die Küste Kaliforniens mit Palmen, Dornengewächsen, Buschwerk und Kakteen.

RECHTE SEITE: Los Angeles mit seinen imposanten Palmenalleen und reichen Stadtteilen. Im Hintergrund die Berge.

Linke Seite oben: Am Ankermast werden Wasserstoffflaschen unter Leinentüchern gelagert.
Linke Seite unten: Der Nachmittag des Ankunfts- und Abfahrtstages (26./27. August). Neben dem Giganten wirken die Menschen wie Ameisen.

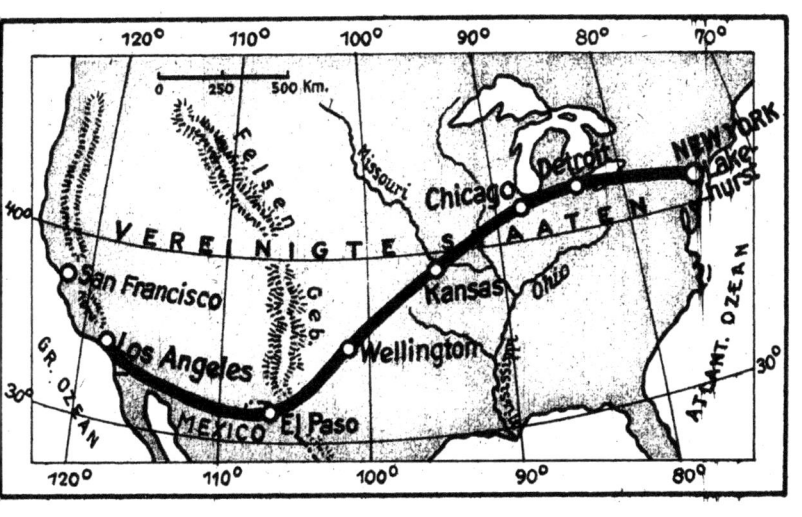

Dritte Etappe (27.–29. August)
Los Angeles – El Paso – Chicago – Lakehurst:
4.737 Kilometer in 51 Stunden und 13 Minuten

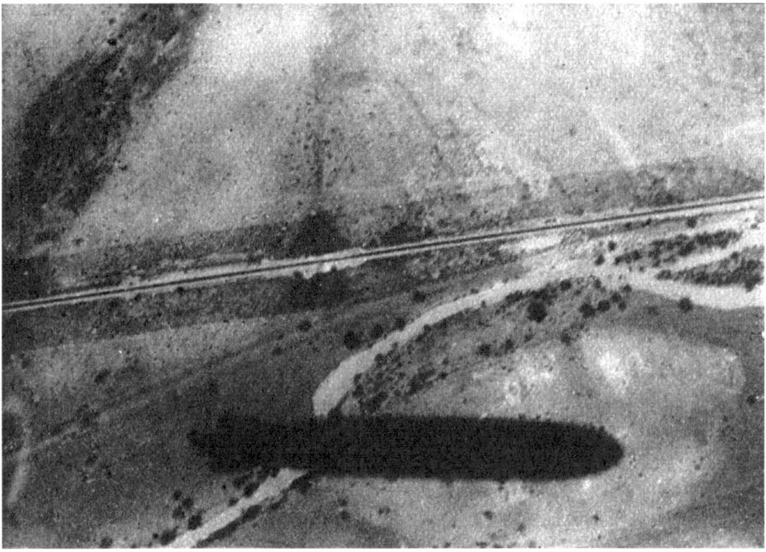

LINKE SEITE: El Paso und Juarez, dazwischen der Rio Grande.
RECHTE SEITE OBEN: Der Schatten des Zeppelins an der Strecke der Pazifikeisenbahn, die von Steppen umgeben ist.
RECHTE SEITE UNTEN: Ein Flieger dient als Wegweiser nach Kansas City.

Linke Seite oben: Der Flieger weist weiter zu den Steppen.
Linke Seite unten: Der Michigan-Boulevard in Chicago mit ca. 30.000 Zuschauern.
Rechte Seite: Ankunft in Lakehurst. All diese Menschen haben sich einen Erlaubnisschein besorgt, um den Zeppelin von Nahem zu sehen.

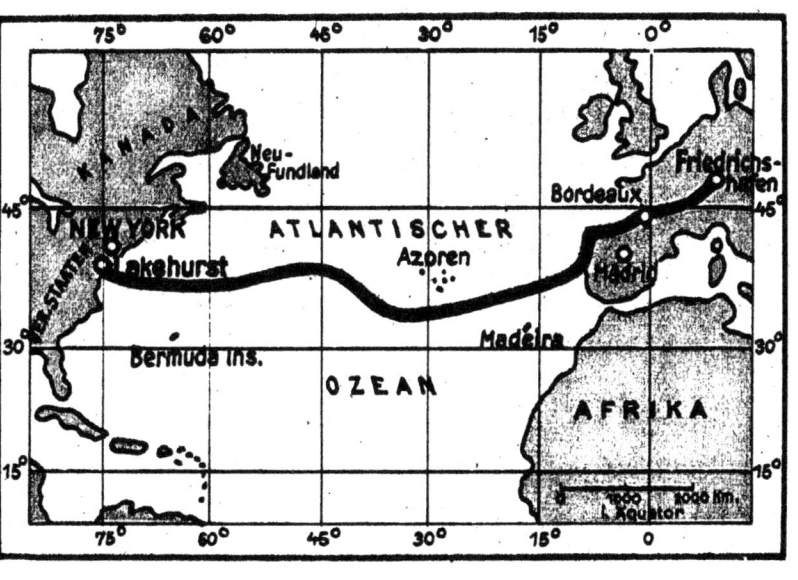

Vierte Etappe (01.–04. September)

Lakehurst – Atlantischer Ozean – Santander –
Bordeaux – Friedrichshafen:
9.100 Kilometer in 67 Stunden und 20 Minuten

Besatzung des »Graf Zeppelin«

Kommandant: Hugo Eckener

Navigations-Abteilung:

Kapitän Dipl.-Ing. Ernst A. Lehmann, Kapitän Hans Curt Flemming, Kapitän Hans von Schiller, Navigator Anton Wittemann, Navigator Max Pruss, Navigator Hans Ladwig, Schiffsingenieur Albert Sammt, Steuermann Dipl.-Ing. Knut Eckener, Steuermann Richard Müller, Hilfssteuermann Kurt Schönherr, Hilfssteuermann Franz Bartschat, Hilfssteuermann Heinrich Bauer

Ingenieurs-Abteilung:

Chefingenieur Wilhelm Siegle, Maschinen-Ingenieur Karl Rösch, Maschinen-Ingenieur August Grözinger, Maschinen-Ingenieur Hermann Pfaff, Mechaniker Albert Thaßler, Mechaniker Oskar Rösch, Mechaniker Adolf Wenzler, Mechaniker Albert Leichtle, Mechaniker Eugen Schäuble, Mechaniker Bruno Weber, Mechaniker Martin Christ, Mechaniker Josef Schreibmüller, Mechaniker Richard Halder, Mechaniker Wilhelm Fischer, Mechaniker Raphael Schädler, Mechaniker German Zettel, Mechaniker Johannes Auer, Mechaniker Wilhelm Dimmler, Mechaniker Josef Braun, Schiffsinspektor Ludwig Knorr, Elektrotechniker Philipp Lenz, Ingenieur Karl Beuerle

NACHRICHTEN-ABTEILUNG

Funkleiter Walter Dumke, Funker Willy Speck, Funker Leo Freund

VERPFLEGUNGS-ABTEILUNG:

Erster Steward Heinrich Kubis, Steward Ernst Fischbach, Koch Otto Manz

PASSAGIERLISTE

FRIEDRICHSHAFEN BIS FRIEDRICHSHAFEN:

Heinz von Eschwege-Lichberg und Heinz von Perckhammer vom Verlag »Scherl«, Gustav Kauder vom Verlag »Ullstein«, Léo Gerville-Reache von der »Matin«, Meteorologe Dr. Heinrich Seilkopf von der Deutschen Seewarte in Hamburg, Leutnant Joachim Rickard aus Madrid, Oberstleutnant a. D. Christof Iselin aus Zürich, Dr. Jerónimo Megías aus Madrid, Max Geisenheyner von der »Frankfurter Zeitung« und »Das Illustrierte Blatt«

LAKEHURST BIS LAKEHURST:

Lady Grace Hay Drummond-Hay und Karl von Wiegand von der »Hearst«-Presse, Sir Hubert Wilkins, Fotograf Robert Hartmann, Vizeadmiral Charles E. Rosendahl, Leutnant Jack Richardson, William B. Leeds

FRIEDRICHSHAFEN BIS TOKIO

Vertreter der russischen Regierung: Geograf Karklin; Vertreter der japanischen Regierung: Korvettenkapitän Fuiyoshi; Journalist Kitano (»Asahi«), Journalist Dr. Enti (»Mainichi«)

Tokio bis Los Angeles

Vertreter der japanischen Regierung: Korvettenkapitän Ryunosuke Kusaka, Major Schinichi Shibata, Dofu Schirai von der Zeitung »Nippon Dempo«

Los Angeles bis Lakehurst

Alle der oben genannten Passagiere, mit Ausnahme der Vertreter der japanischen Regierung.

Linke Seite: Der Kommandant Hugo Eckener.

Rechte Seite: Der Luftschiff-Konstrukteur Ludwig Dürr.

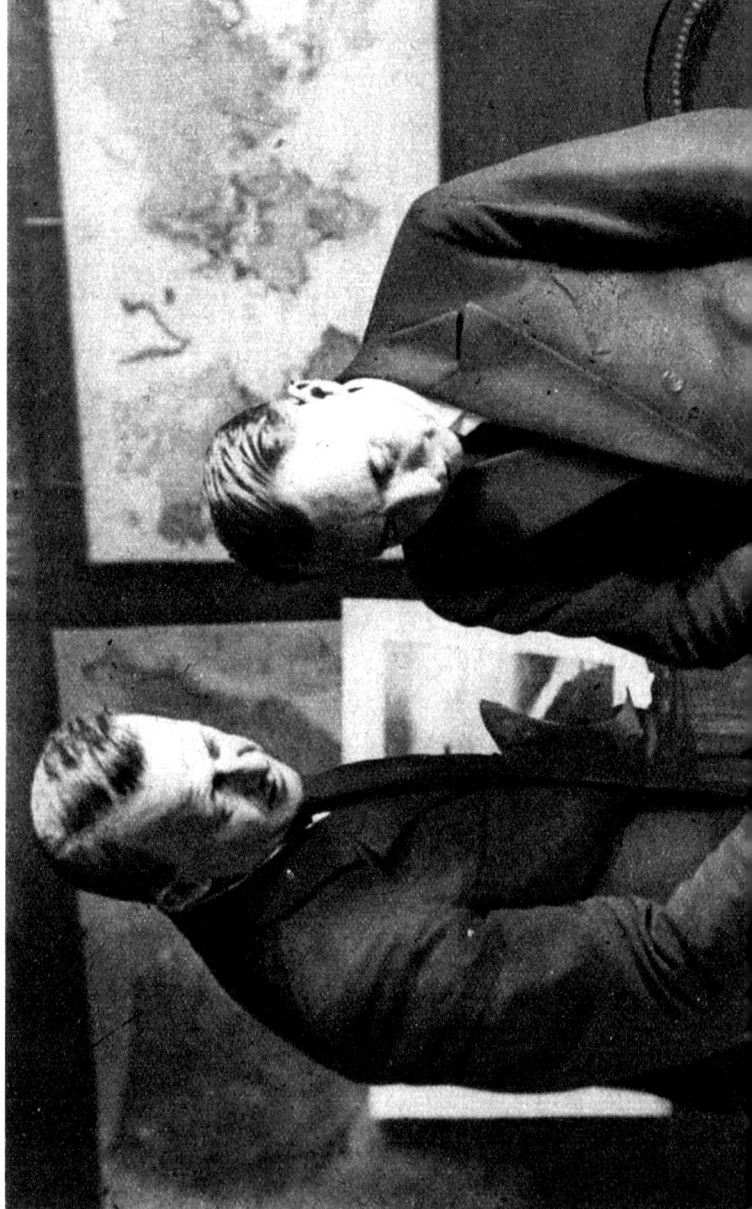

Linke Seite: Die Kapitäne Hans Curt Flemming und Ernst A. Lehmann studieren Landkarten vor dem Beginn der Reise.
Rechte Seite oben: Die Journalistin Lady Grace Hay Drummond-Hay beim Frühstück im Salon.
Rechte Seite unten: Von links nach rechts; Schirai, Major Shibata, Kapitänleutnant Kusaka.

RECHTE SEITE: Kapitän von Schiller und Navigationsoffizier Hans Ladwig kontrollieren die Wetter-Telegramme.

LINKE SEITE OBEN: Dipl.-Ing. Knut Eckener.
LINKE SEITE UNTEN: Kapitän Hans von Schiller.

OBEN: Der Koch Otto Manz und der Erste Steward Heinrich Kubis.
UNTEN: Der Koch darf zwar am Seitensteuer stehen, allerdings
befindet sich der Zeppelin noch am Ankermast in Los Angeles. Links
von ihm sieht man den Ingenieur Karl Beuerle.

EIN BLICK IN DAS INNERE UND DIE AUS-
STATTUNG DES ZEPPELINS

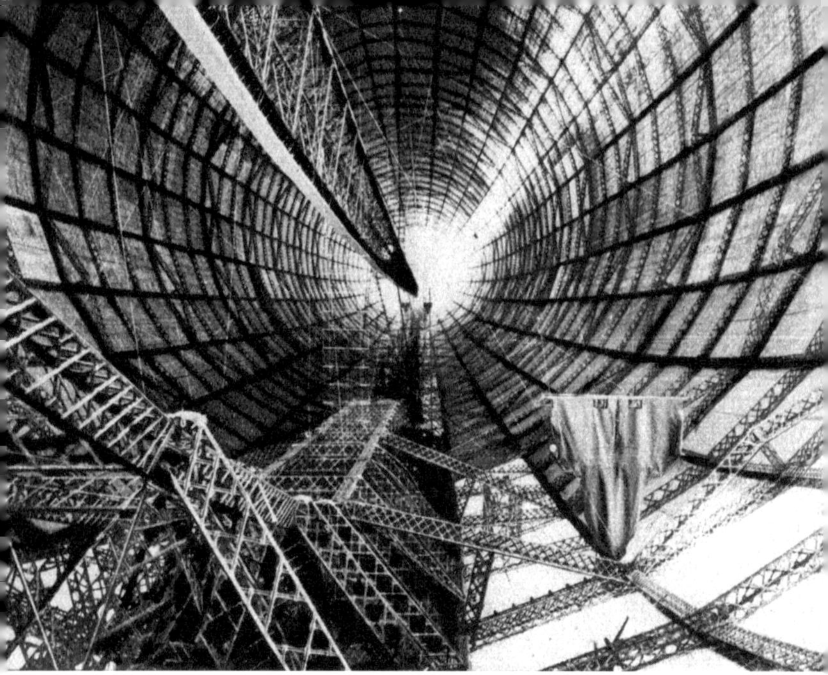

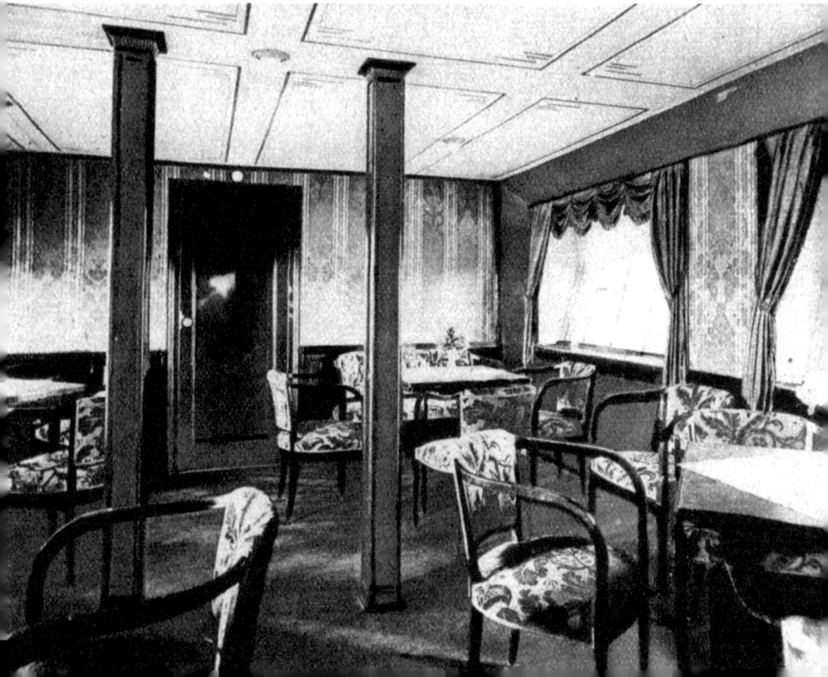

LINKE SEITE OBEN: Das Innere eines Zeppelins
in der Bauphase.
LINKE SEITE UNTEN: Der Salon mit einer Größe von 5
mal 5 Metern. Durch die Tür im Hintergrund gelangt man
zu einem Gang mit Schlafkabinen rechts und links davon.
RECHTE SEITE OBEN: Eine Schlafkabine. Die Rücken-
lehne lässt sich zu einem weiteren Bett aufklappen.

Die kleine Küche im »Graf Zeppelin«,
ausgestattet mit Aluminium.

DIE AMERIKANISCHE WELTFAHRT (07.–29. AUGUST):
33.202 KILOMETER IN 12 TAGEN UND 11 MINUTEN

DIE DEUTSCHE WELTFAHRT
(15. AUGUST– 04. SEPTEMBER):
35.234 KILOMETER IN 12 TAGEN, 12 STUNDEN UND 16 MINUTEN

INSGESAMT:
49.618 KILOMETER IN 21 TAGEN, 5 STUNDEN UND 31 MINUTEN